¿CÓMO PODEMOS UTILIZAR

EL PLANO INCLINADO?

David y Patricia Armentrout
traducido por Diego Mansilla

Rourke
Publishing LLC
Vero Beach, Florida 32964

www.rourkepublishing.com

PHOTO CREDITS:©Armentrout pgs. 4, 8, 14; ©David French Photography pgs.19, 20, 23, 2; ©Image 100 Ltd. Cover, pg. 16; ©Digital VisionLtd. pg. 25; ©Jonathan Kim/Stock Connection/PictureQuest pg. 13; ©PhotoDisc pg. 7; ©Painet, Inc. pg. 29.

Editor: Frank Sloan

Cover design: Nicola Stratford

Series Consulting Editor: Henry Rasof, a former editor with Franklin Watts, has edited many science books for children and young adults.

Spanish Editorial Services by Versal Editorial Group, Inc. www.versalgroup.com

Library of Congress Cataloging-in-Publication Data

Armentrout, David, 1962-
  ¿Cómo podemos utilizar el plano inclinado? / David and Patricia Armentrout.
      p. cm.
Includes bibliographical references and index.
  ISBN 1-58952-434-9
  1. Inclined planes—Juvenile literature. I. Title: Inclined plane.
II. Armentrout, Patricia, 1960- III. Title.
  TJ147 .A759 2002
  621.8—dc21

                                                    2002007951

Printed in the USA

w/w

Contenido

Plano inclinado: una superficie con pendiente; una máquina simple que se usa para facilitar el trabajo

Un plano inclinado hace más fácil el descargar una furgoneta.

Máquinas

Las personas usan máquinas porque facilitan el trabajo. Plano inclinado es un término elaborado para definir a una máquina simple. Una máquina simple tiene pocas partes. Algunas máquinas simples no tienen partes móviles, y el plano inclinado es una de ellas. Un plano inclinado no es otra cosa que una superficie con pendiente que facilita el trabajo.

La rueda, la polea, la cuña, el tornillo y la palanca también son máquinas simples. Si reunimos varias máquinas simples, podemos crear máquinas complejas.

Este vagón se denomina inclinado. Sube y baja personas por el empinado costado de una colina.

Cómo usamos las máquinas simples

Las ruedas reducen la fricción. Las poleas ayudan a levantar cargas con menor esfuerzo. Los tornillos mantienen cosas unidas. Una palanca hace posible mover objetos.

Piensa en el automóvil, una máquina muy común pero **compleja** que se usa todos los días. Fíjate en las máquinas simples que lo componen. Primero puedes fijarte en las ruedas. Hay cuatro en contacto con el suelo y el volante en el interior. También hay engranajes en el motor. ¿Sabías que los engranajes son ruedas?

Las palancas se usan para abrir puertas. Los tornillos para mantener piezas unidas. ¿Puedes encontrar otras máquinas simples?

Un automóvil se compone de muchas máquinas simples. ¿Ves alguna aquí?

Cómo funciona el plano inclinado

El plano inclinado es una pendiente, pero ¿por qué decimos que es una máquina? ¿Cómo nos facilita el trabajo la pendiente?

Imagina que eres el conductor de un camión. Tu trabajo es cargar y descargar neveras. El problema es que la parte de atrás de tu camión tiene 4 pies (1.22 metros) de altura con respecto al piso. ¿Puedes levantar una nevera 4 pies (1.22 metros)? Probablemente no. Una forma más fácil sería utilizar una rampa. Una rampa es un plano inclinado. La rampa le da al conductor una ventaja mecánica. La **ventaja mecánica** le permite al conductor usar menos esfuerzo para cargar y descargar objetos pesados del camión.

Sin una rampa, estos hombres tienen que cargar mucho.

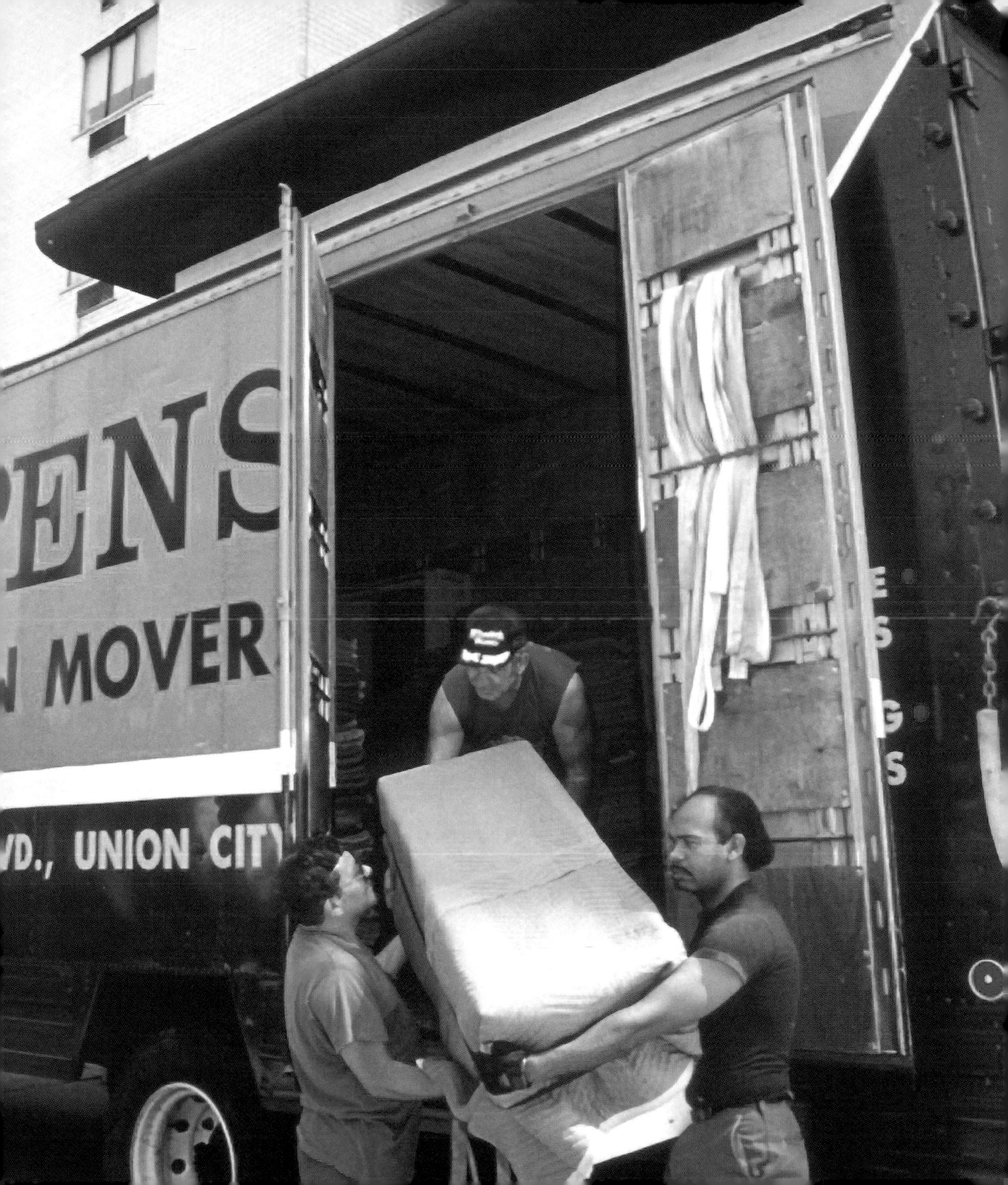
PENS
N MOVER
VD., UNION CITY

Trabajo

Trabajo se define con la fórmula:

FUERZA X DISTANCIA = TRABAJO

Para entender esta fórmula, usa el ejemplo del conductor del camión. Si éste usa una rampa corta, la **distancia** que debe recorrer también es corta. Una rampa corta es muy empinada. El conductor deberá ejercer mucha **fuerza** para subir la nevera.

Si el conductor utiliza una rampa larga, debe acarrear la nevera más distancia. Una rampa larga no tiene mucha pendiente. El conductor no necesitaría tanta fuerza para subir la carga. Él usa menos fuerza, pero en una mayor distancia. Cualquiera sea la rampa que elija, la cantidad de trabajo que realiza será la misma.

Las personas que trabajan en mudanzas prefieren una rampa larga y gradual antes que una corta y empinada.

Todas las formas y tamaños

Los planos inclinados pueden ser de muchas formas y tamaños. Un taburete es un plano inclinado que nos ayuda a alcanzar lugares altos. Una carretera que sube la ladera de una montaña es un gran plano inclinado.

Es fácil ver por qué necesitamos distintos tamaños de planos inclinados. El tamaño es importante, pero también lo es el ángulo de la pendiente. El ángulo de la pendiente la hace empinada o gradual.

¿Preferirías subir una cuesta corta y empinada o larga y gradual? La mayoría de nosotros elegiría la cuesta larga y gradual porque requiere menos esfuerzo.

La pendiente gradual de un tobogán se puede escalar con facilidad.

Más información acerca de los planos inclinados

Los planos inclinados funcionan debido a la **gravedad.** La gravedad es la fuerza invisible que hace que los objetos permanezcan en la Tierra. Sin gravedad, el plano inclinado no sería necesario. Los planos inclinados nos ayudan porque soportan el peso del objeto que estamos moviendo mientras nosotros lo empujamos o lo tiramos hacia arriba por la pendiente. Dado que no necesitamos soportar el peso completo del objeto, nuestro trabajo se hace más fácil.

El plano inclinado no hace todo el trabajo por nosotros. Solamente nos permite distribuir nuestro esfuerzo a lo largo de una distancia mayor.

La gravedad es la fuerza que atrae todos los objetos hacia el centro de la Tierra.

Levantar una carga

NECESITARÁS:
- cinta
- recipiente de película vacío
- 4 pies (1,22 m) de cuerda
- carro de juguete pequeño
- banco
- puñado de monedas de un centavo
- ayudante adulto

Ata o encinta un extremo de la cuerda al frente del carro. Pide a la persona adulta que haga un hoyito en el costado del recipiente de película cerca de la parte superior.

Pasa el extremo libre de la cuerda a través del agujero del recipiente y haz un nudo. Coloca el carro en el piso al costado del banco. Haz correr la cuerda por encima de la parte superior del banco de manera que el recipiente cuelgue justo debajo del borde opuesto. Ajusta el largo de la cuerda si es necesario.

Deja caer monedas en el recipiente, una por una, hasta que el carro llegue al tope del banco. Toma nota de la cantidad de monedas que usaste para levantar el carro.

¿Cuántas monedas de un centavo se necesitarán para levantar el carro del piso?

Agrega un plano inclinado para levantar el carro del piso más fácilmente.

Levantar una carga por medio de un plano inclinado con mucha pendiente

Esta vez agrega un plano inclinado y haz el experimento nuevamente. Necesitarás una pieza de cartón rígido de 2 x 3 pies (0,6 x 0,9 metros) para formar el plano inclinado.

Inclina el cartón de manera que los lados más largos descansen sobre la parte superior del banco y en el piso. Ubica el carro en la parte baja del plano, con la cuerda subiendo hasta la parte superior del banco. Tu recipiente debe estar justo debajo del borde opuesto. Ajusta el largo de la cuerda si es necesario.

Deja caer monedas en el recipiente hasta que caiga al piso y el carro suba la pendiente. ¿Cuántas monedas usaste para que el carro subiera por el plano inclinado?

Levantar una carga por medio de un plano inclinado con poca pendiente

¿Qué pasa si tienes un plano inclinado de mayor longitud? Gira el cartón de manera que los lados cortos queden sobre la parte superior del banco y sobre el piso. Fíjate cómo ha cambiado el ángulo. ¿Crees que se necesitará más o menos peso para que el carro suba la pendiente? Haz el experimento nuevamente.

La cantidad de trabajo realizado es la misma en los tres experimentos (el carro se elevó al mismo nivel). La cantidad de monedas representa la cantidad de fuerza para levantar el carro. ¿Se necesitó más o menos fuerza cuando la pendiente era más larga?

Se necesita menos esfuerzo para levantar un carro si usas un plano inclinado gradual.

Fricción

Dos objetos que se frotan entre sí producen **fricción**. La fricción es una fuerza que disminuye el movimiento. Si deslizas un libro por el piso, en algún momento el libro se detendrá. ¿Qué lo detuvo? La fricción.

Hace mucho tiempo se descubrió que las ruedas disminuyen la fricción. Las ruedas que se usaban en combinación con planos inclinados facilitaban el transporte de cargas. En los experimentos previos comprobaste que un plano inclinado te permitía usar menos fuerza para levantar un carro de juguete. ¿Serían iguales los resultados si el carro no tuviera ruedas?

Las ruedas facilitan el deslizamiento de los ciclistas sobre el pavimento.

Experimento con fricción

Sin ruedas, el carro habría creado más fricción. Se habría necesitado más fuerza (monedas) para subir el carro por la pendiente. Veamos qué diferencia hace la fricción.

NECESITARÁS:

- dos carros de juguete del mismo tamaño
- pieza rígida de cartón

Coloca los carros uno junto al otro en un borde del cartón. Vuelca uno de los carros sobre su techo. Lentamente levanta el extremo del cartón donde están los carros.

¿Qué carro comienza a rodar o a deslizarse primero?

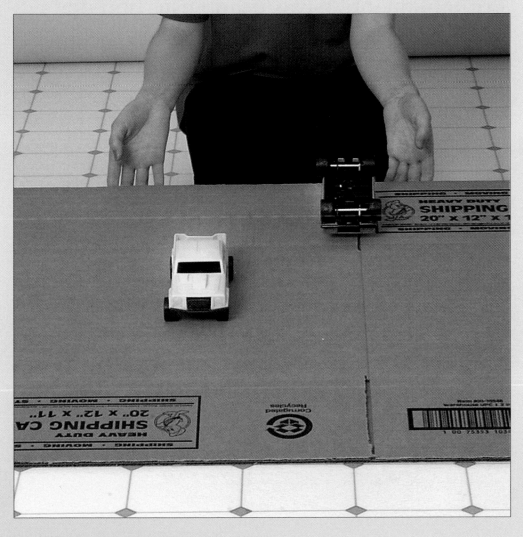

Las ruedas reducen la fricción.

Tipos de planos inclinados

La naturaleza nos brinda muchos planos inclinados bajo la forma de colinas. Probablemente hayas usado este tipo de plano inclinado sin pensarlo. Al bajar una colina nevada con un deslizador, estás usando un plano inclinado natural.

En todas partes hay planos inclinados hechos por el hombre. Rampas, toboganes, escaleras mecánicas y escaleras comunes son buenos ejemplos de planos inclinados. Fíjate en los diferentes tipos de planos inclinados que usamos y que se ven a diario. Podrías sorprenderte de la cantidad que puedes encontrar.

Un tobogán de agua es una manera refrescante de disfrutar un plano inclinado.

Glosario

compleja: formada por muchas partes

distancia: la cantidad de espacio entre dos puntos

fuerza: acción necesaria para mover un objeto, tirando o empujando

fricción: fuerza que reduce el movimiento de dos objetos cuando se frotan

gravedad: la fuerza invisible que atrae las cosas hacia la Tierra

ventaja mecánica: lo que se gana cuando una máquina simple te permite utilizar un menor esfuerzo

Lectura adicional

Macaulay, David. *The New Way Things Work.*
  Houghton Mifflin Company, 1998
VanCleave, Janice. *Machines.* John Wiley and
  Sons, Inc., 1993

Sitios web para visitar

http://www.kidskonnect.com/
http://www.most.org/sin/Leonardo/InventorsTool
  box.html
http://www.brainpop.com/tech/simplemachines/

Índice

Acerca de los autores

David y Patricia Armentrout han escrito muchos libros para jóvenes. Ellos se especializan en temas de ciencia y estudios sociales. Han publicado varios libros de lectura para escuela primaria. Los Armentrout viven en Cincinnati, Ohio, con sus dos hijos.